# 나는 놀라워한다

놀라움을 잊은 그대에게

삶의 경이로움의 발견

# 나는 놀라워한다

울리히 샤퍼 글·사진

조정옥 옮김

서광사

 에의 초대글

여기 상처들이 있다.
바람에 꺾인 들꽃허리, 뙤약볕에 그을은 돌멩이의 두 눈,
물살에 깊게 짓눌린 강바닥의 등뼈…
그리고 여기 상처를 곱게 덮어 주는 것들이 있다.
짙푸른 나뭇잎들의 합창, 아지랑이의 동글게 꼬부라진 입김,
샛털구름의 보드라운 손바닥…
누군가를 일으켜 세운다는 것은 얼마나 뿌듯한 일인가.
빛깔로써, 소리로써 그리고 언어로써…

수많은 이의 영혼 밑바닥까지 뒤흔들어
그 안에 숨어 있는 섬세한 뿌리를 찾아
보드랍게 이 세계를 만지게 하고
그 안에 숨어 있는 단단한 뿌리를 찾아
세찬 물살 위에서도 꼿꼿이 서게 하고
그 안에 숨어 있는 상처를 찾아
두 손으로 감싸주는 글,
글의 힘에 대해 나는 놀라워한다.

1995년 10월 2일
옮긴이  조정옥

우리의 세계에는 많은 부정적인 기운들이 있다. 우리는 절망에 둘러싸여 있다. 스스로를 보호하기 위해 많은 사람들이 마음의 문을 닫았다. 그들은 무관심의 상태에 이르렀고 놀라워하는 것을 망각하였다. 그래서 그들의 삶은 점점더 빈곤하게 된 것이다.

놀라워할 수 있기 위해서는 시간과 고요—내적으로 열린 자세가 필요하다. 사람들은 놀라워하는 것을 배울 수 있다. 그것은 우리의 관찰의 재능과 연관되어 있다. 우리 삶의 순간순간, 무엇인가가 우리 주위에서 혹은 우리 내부에서 일어난다. 우리가 어린 시절 그럴 수 있었듯이 다시 놀라워할 수 있기 위해서는 우리 주위에 가까이 있어 오히려 무심히 지나쳐 버리기 쉬운 사물들을 다시 지각하는 방법을 배워야만 한다. 우리의 주위 그리고 우리 내부의 세계는 우리가 그것들을 보는 법을 배우고 그 가치를 인식하는 법을 배우기를 기다리고 있다.

지각된 것을 우리 내부의 현실로 만들기 위해서는 명료화하고 형체화해야 한다. 그렇지 않으면 그것은 다시 아주 재빨리 우리 삶의 번잡함 속으로 침몰해 들어간다. 우리는 그것에 대해 기록하고, 그림 그리고, 춤추고, 노래 부르고 또 서로 이야기할 수 있다. 이러한 작업은 우리를 생기 있게 유지시켜 줄 것이고 우리의 삶을 풍요롭게 만들 것이다.

우리의 우주가 담고 있는 무수한 무늬에 대해
나는 놀라워한다.
어떤 것도 다른 것과 같지 않다.
모든 사물은 저마다 특유의
색채, 형태, 크기, 구조 그리고 광채를 갖는다.

나날이
스스로를 탈바꿈하는
흘러넘칠 듯한 자연의 다양함에 대해
나는 놀라워한다.
정확한 반복이란
살아 있는 모든 것에 이질적이다.

해가 갈수록
마치 나 자신이 하나의 미개척의 땅인 것처럼
스스로를 좀더 잘 알게 됨에 나는 놀라워한다.
그리고 서서히
내가 그것임을 깨닫는다.

모든 불가능의 상황에서
아직도 무엇인가 해보려고 하는
인간의 창조적 힘에 대해 나는 놀라워한다.
포기하지 않고
깊은 내적인 에너지를 더듬어 찾아
일으켜세워 움직이게 하는 힘에 대해.

그것은, 진실로 살려는 의지이고
모든 죽음의 예언에 대항하여 살아 있으려는,
절름발이의 불가능성과
억누르는 무력함에 대항하여,
통계치에 대항하여 희망을 걸고
살 만한 가치가 있는 삶의 길들을 찾으려는 의지이다.

우리 내부에
거의 파괴 불가능한 에너지가
그리고 불가능을
가능으로 만들 수 있다는 믿음이
숨겨져 있다.
이 힘의 흐름 속에
우리는 우리 자신을 다시 세워 놓아야만 한다.

꿈을 실현시키는 것이
가능하다는 것에 대해,
사람들이 꿈을 버리지 않고
희망을 잃거나 절망하지 않음에 대해
나는 놀라워한다.

나는 내 꿈들을
나의 내부의 현실로서 소유하고 있으며,
그것을 버리지 않는다.
왜냐하면 그렇다면 내가 나 자신을 버리는 것일 테니까.

나는 네가 똑같은 가능성들을 믿으며
마찬가지로 포기하지 않음에 대해 놀라워한다.
왜냐하면 포기란 우리 모두의 죽음일 테니까.

지칠 줄 모르고 신에 대해 숙고하는,
신을 파악하기 위해
외치고 기도하고 노래하며
시를 짓거나 침묵하는 사람에 대해
나는 놀라워한다.

비가시적인 것에 대한
그의 동경은
그가 자신의 소망을 다해
집으로 향하기를,
그의 그리고 모든 삶의
뜻과 의미에서의
집으로 향하기를 원하므로
그를 엄습하는
정열이다.

상실이 가진 탈바꿈의 힘에 대해
나는 놀라워한다.
내가 어떤 것을 잃었음은
내게 새로운 가능성을 열어 놓는다.
내가 아직 갖지 않은 것은
나를 자유롭게 한다.

상실이 아니었더라면
나는 깊이를 갖지 못했으리라.
다른 이의 마음이 되어 볼 수 있는
마음가짐이 더 약했을 것이고
다른 이의 어려움을 파악하지 못했으리라.

나는 그것을 이론적으로는 알고 있었지만
나의 삶에서 그것이 일어나리라고는
믿지 않았었다.

연어의 목표 지향성에 대해
나는 놀라워한다.
어느 한적한 강에서 태어나
첫 겨울을 나고
바다를 향해 헤엄쳐 가면
4년 후에야 비로소
바로 그가 태어난 곳으로 되돌아온다.

그 어떤 것도 그를 물러서게 하지 못한다.
변경된 강의 흐름도
높은 모래 언덕도
가로놓여 잠겨 있는 나무들도.
자신의 내부에 감추어진 나침반으로
그가 태어난 곳으로 향하는 길을 되찾는다.

아마도 그것은 내가 나의 전생애 동안 하는 것과
다르지 않으리라.
나 역시 내가 태어난 곳이 나의 목표이기도 하다는 것을
알기 때문에
나도 나의 태어난 곳을 찾는다.
그렇게 해서 나는 나의 동그라미를 닫는다.

나의 삶 속의
변화에 대해 나는 놀라워한다.
나는 아직도 과거의 나인가?
나는 사슬을 끊고 나와 계속해서 변화하는 것을,
정확한 지식 대신
예감하는 연습을 배운다.

가끔씩 나는 내가 한때 믿었던 것에 대해,
그리고 신념과 확신으로 가득 찼던
내가 살았던 방식에 대해 놀라워한다.
그것이 내게서 떨어져 나간다면
나는 누구인가?
동일하게 머물러 있는
하나의 핵이 나의 내부에 있는가?
아니면 나는 끊임없이 생성되는 자인가?

나는 나의 변화된 형태에 대해 놀라워하고
내가 정적인 존재가 아니며
어떤 인간도 정지해 있으면 안 된다는 것을
깊이, 아주 깊이 깨닫는다.
성장은 결심에 달려 있다.

커다란 기획의
보잘것없는 부분만을 맡아 일하며,
그럼에도 그의 도구를 버리고
도망가지 않는
노동자의 극기의 능력에 대해 나는 놀라워한다.
그의 노동으로부터
나 역시 얻는 것이 있다.

비록 그가 돈을 필요로 하지만
그 역시 그를 필요로 하는
사회를 위해
기여하고 싶어한다.

어쩌면 그는
자기의 노동과의
긍정적인 관계를
이룩할 수 있을 테고
후에 조금은 자랑스럽게 말할 수 있으리라.
이 기획에 나도 참가했었고
돌을 깔았고
이 벽에 쓸 시멘트를 섞었었지,
나는 거기에 있었지라고.

신이 내게 준
자유에 대해 나는 놀라워한다.
이제야 비로소
내가 자유롭기를 신이 원하지 않았다고
잘못 믿고 있었음을 깨닫게 된다.
신에 대해
어찌 그다지도 빗나간 상(像)을 갖곤 했는지
다시 한번 깨닫는다.

나는 내가 원하는 대로
행하거나 내버려 둘
자유가 있다.
그러나 나는 가면 갈수록
이 자유 역시
하나의 위태로운 산등성이임을 배운다.
나는 나의 삶이든 너의 삶이든
거기에서 미끌어져
파괴되는 것을
원치 않는다.

나는 성문을 밀어젖힌다.

아직 비뚤어지지 않은,
많은 것이 자기에게 없음을
알지 못하는,
그리고 꾸밈 없이
자신의 감정을 표현하는,
아직 희망의 한계를 알지 못하는,
어린 아이들의 솔직함에 대해 나는 놀라워한다.

나는
내가 되고 싶고
내가 될 수 있는 것이 어린 아이임을,
신의 영역을 인식하고
그것을 내 안에서 발견하기 위해서
필요로 하는 것이
어린 아이들에게 있음을 보게 된다.

너희들이 만일 어린 아이와 같이 되지 않는다면…

깎아지른
암반 사이를 올라가는
산악인의
모험심에 대해 나는 놀라워한다.
정말로 생기 있게 존재하려는,
빛깔도 움직임도 없이
안락의자에 파묻혀
삶을 흘려보내지 않으려는,
그의 바람을 발견한다.

나 역시 다시 오름으로써
위험에 나를 내맡겨
모험에 젖어들고
새로운 땅을 밟는,
그러면서 놀라워하는 것을 다시 배우는
그런 밀도 있는 삶을 느끼고 싶다.

내 삶의 굵은 흔적에 대해,
그리고 내가 기댈 수 있는
지속성과 끈기에 대해
나는 놀라워한다.
우연이 아니라
깊은 지혜로부터
삶의 형태들이 펼쳐져 나온다.

회고하면서
지난일들의 생성 과정에 대해,
그리고 사소해 보이던
상황들을 통해
나의 과거가 만들어진 것에 대해
나는 놀라워한다.
이제사 의식되어지는 과거는
앞서 있는 긴 역사를 지니고 있다.

내가 그것을 그렇게 볼 것인가는
태도의 문제이다.
내가 무심히 그것을 지나치고
묵묵히 있는 연관 관계들에 대해
눈이 어두운 채로 있을지는
나에게 달려 있는 것이다.

생기 있는 삶에 대한
너의 갈구에 대해 나는 놀라워한다.
너는 멈추지 않고 찾는다.
너는 내게 하나의 표지판이다.
너는 너의 삶 속에서
삶을 가치있게 해주는 일을 하려고 결심했다.

나는 놀라움의 감각을 내게
보존해 두고 싶다.
내가 아직 놀라워할 수 있는 한
나는 자라기를 멈추지 않을 것이다.
나는 새로운 것에 대해 문을 열어 놓고
세상의 이치들에 대해
더욱 깊은 통찰을 하게 되며
세상에서 내가 어디쯤 서 있는지를 알게 될 것이다.

나는 사물들과 존재,
상황들과 벌어지는 일에 의해
동요되고 싶고 놀라워하고 싶다.
나는 타성에 젖어 나를
무디게 만들지는 않을 것이다.
그럼으로써 당연한 것을
아직 신비로서 지각하는
연습을 할 것이다.

고집부리거나 편파적이지 않으면서
네 길을 추종하는 결단력에 대해
나는 놀라워한다.
너는 네 길을 가는 것이 좋으며, 가도 되며,
아마도 심지어는 가야만 한다고
확신한다.
너는 내게 힘을 주고
다시금 나도 내 길을 가도록
북돋운다.

이 결단에 의해
나의 길이 더욱 명료하게 그려지는 것에 대해
나는 놀라워한다.

네가 심지어 가망 없는 상황에서도
끊어 버리지 않는
너의 바람에 대해
나는 놀라워한다.

너는 현실로 인해
소심하게 생각하고
미혹으로 이끌리도록 너를
내버려 두지 않는다.

네가 세계의 어둠에 대해
어떻게 대응하게 될는지를
결정하는 것은
너의 자유이다.

이러한 소망은
너의 거대한 힘이다.
그것을 통해 너는 세계를 변신시킨다.
그에 대해 내가 놀라워한다는 것은
나도 마찬가지로 그렇게 살기 시작한 것이다.

35

나와 하나가 되기를 바라고
나를 반려자로 택했던 너의 의지,
그리고 나와 시합하기를 원하는
너의 의지에 대해 나는 놀라워한다.

너의 사랑이
내게로 향함에 대해
나는 놀라워한다.
나는 누군가에 의해 그렇게 호감을 얻으리라는
희망을 버렸었다.
이제 너는 나를 택하면서
내가 네게 무관한 존재가 아니라고
내게 말한다.

놀라움에 차서
나는 너의 선택을 통해
나 자신을 색다르게 체험한다.
나는 나를 새로이 평가하는 법을 배운다.
내가 너의 눈을 통해 나를 볼 때
나는 나의 가치와 몫을 인식한다.

자기를 잊은 사랑하는 두 사람의
절대적 행복에 대해 나는 놀라워한다.
그들이 서로를 소유한다면
그들에게는 아무것도 부족함이 없으리라.
그들을 둘러싼 주위의 세계는
무용한 존재인 채로 있으리라.

연초록빛 봄기운 속에서
서로 머리숙여 인사하고
서로에게서 사랑할 수 있는
새로운 것을 항시 발견하는 데
지칠 줄 모른다.

모든 것을 망각한 채
서로를 더없이 생기 있고 행복하게 하는 단 하나,
그들만의 사랑에
온전히 빠져들 수 있는
그들의 능력에 대해 나는 놀라워한다.

너의 마음의 세심함에 대해
나는 놀라워한다.
그 뜻은 네가 이미 모든 것을 검토했고
사실을 모든 측면에서 보았다는 것이다.
기필코 너는 이런저런 것을
보고 소화하는 새로운 단초를,
새로운 길을 다시 발견하리라.

어디에서 이렇듯 다른 시각이 유래하는지
나는 알지 못하므로
나에게 그것은 놀라움이고
때로 위협이기도 하다.
나는 너를 안다고 생각했었는데
네가 이해할 수 없고
그렇게 아주 다르므로
그것은 나를 불안하게 만들 수 있다.
그러나 어쩌면 너를 통해서 나에게
새로운 세계가 열리므로
그것은 나를 행복하게 만들 수도 있다.

나는 불안이 아니라
더 넓어짐에 대한 행복을 택한다.

네가 항상 다시금 새로이
나에 대한 너의 이끌림을 표현하는 데
얼마나 묘안이 많은지에 대해
나는 놀라워한다.


너와 나의 삶을 열어 주고
풍요롭게 해주는 생각들을
네가 어떻게 감지하는지에 대해
나는 놀라워한다.


네가 우리를 위해 시간을 내는 것에 대해,
모든 일이 평범한 길만을 가고 있다면
만족해 하지 않는 것에 대해
나는 놀라워한다.


내가 내적으로 어떤 상태인지를
네가 어떻게 의식적으로 지각하며
내게 대처하는지에 대해
나는 놀라워한다.


바로 우리의 관계를 통해서
네가 삶의 비밀들을 접하기를
바라는 것에 대해
나는 놀라워한다.

우리의 사랑의 가벼움에 대해,
그것이 날아가 버리는 것
허공에 떠도는 것에 대해
나는 놀라워한다.

그리고 값싼 대답들의 제시나
고통 없는 삶의 양식,
서로를 회피할 가능성,
다른 누구와의 행복 속으로
멸망해 가지 않기 위해서
우리가 모든 것
우리의 마지막 기운까지 다해 보았음을
알기 때문에
나 역시 결코 다시는 놀라워하지 않는다.

그리고 모든 노고 뒤에
지금은 이러한 가벼움이 다시 가능함에 대해
나는 심히 놀라워한다.
처음과 거의 마찬가지로.
다만 더욱더 깊고
더욱더 견고해졌다.
그렇다. 더욱 견고해진 것이다.

상처에 대한
너의 용기에 대해 나는 놀라워한다.
너는 너를 숨겨 놓지 않으며,
네가 무엇인가를 원하고 바란다는 것을 표현한다.

네가 너의 불안을 인정하고
그것을 그렇게 극복하거나
그것과 함께 살 수 있음에 대해
나는 놀라워한다.

아마도 너는 그 때문에 그렇게도
눈앞에 뚜렷하고
그렇게 전적으로 여기에 존재하나보다.
너는 강하고도 연약하다.
너는 단호하고도 부드럽다.

네가 어떻게 내 영혼의 악기를
연주할 수 있는지에 대해 나는 놀라워한다.
내게 알려지지 않은 부드러운 음들을
너는 유혹하여 불러낸다.
내가 나를 알았던 것과는 색다르게
나는 나를 새로이 체험한다.

너의 세심한 마음씀에
나는 심지어 나의 상처까지도
드러내 보일 수 있는
용기를 갖는다.
나는 놀라서 물러나지 않고
너를 믿는다.

마치 나 자신이 나를 아는 것보다
네가 나를 더 잘 아는 것처럼.
너의 동작에 담긴
부드러움에 대해
나는 놀라워한다.
너의 친근함은
그 속에서 내가 꽃 되어 피어나는
선한 행위이다.

우리가 서로 다시금 언제라도 상처줄 수 있음을
마치 거의 모르기라도 하는 듯
계속해서 서로를 용서하고,
잊고, 새로이 시작하려는
우리의 준비 태세에 대해 나는 놀라워한다.

우리는 그런 것을 알고 있다.
그럼에도 불구하고 용서하고 사랑함은
우리가 서로 무관하게 되기를 원하지 않는다면
고통이 불가피함을
파악했기 때문.

그리고 마음 향하는 곳이 없으면
삶은 보람이 없는 것.

비록 내가 그렇게 아는 체하고
소심하게 너와 다투며,
네게 책임을 뒤집어씌우려 해도
네가 나를 아직 참아낼 수 있음에 대해
나는 놀라워한다.

네가 너인 채로 머물러 있으면서
똑같이 소심하게 응대하지 않음에 대해
나는 놀라워한다.
네가 너의 품격을 잃지 않음과
비록 내가 숨기더라도
나의 어려움을 통찰함에 대해
나는 놀라워한다.

나는 녹아 없어지고
다시금 나의 또 다른 자아로 변한다.

이따금 내가 네 곁에 붙어서
너에게 의존하는 동안
네가 나에게서 얼마나 자유로운지에 대해
나는 놀라워한다.

네가 너 자신의 내부를 풍요로이 지니므로
네가 나 없이도
행복할 수 있음에 대해
나는 놀라워한다.

그런 다음 내게 회상되는 것은,
내가 나 자신 속에서 머무를 때만이
언제나 내가
너와 더불어 가장 즐거웠다는 것이다.

우리 사랑의
일상성에 대해 나는 놀라워한다.
너의 색바랜 털옷에
나의 닳아빠진 융단 바지.
나는 부엌에 서서
빵을 손에 들고,
너는 한 잔의 우유를 !
우리 둘 다 매혹적이지 못하고
그렇게 아주 평범하다.

그렇지만 우리는 바로
일상적인 것에서 영원한 것과 마주치게 된다.
친숙한 형태들 속에
사랑의 영원함이 숨겨져 있다.

어떻게 우리가 그것을 파악할 수 있는지가
우리에게 나타난다.
우리의 끼니를 끓이는
이 솥의 형태 안에서,
우리가 계획한 여행에서,
네가 내게 남긴 쪽지에서,
그리고 끝없는 가능성들을 암시하는
말 속에서····.

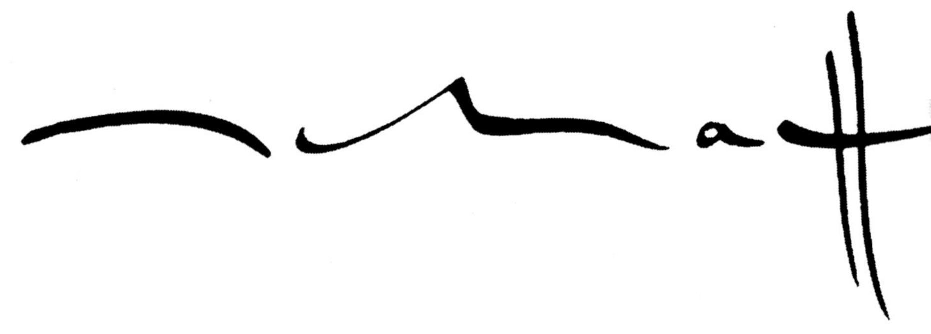

이 책은 인간 존재의 근원적 경험들을 다룬다.
추구, 모험, 놀라움 ― 꿈, 사랑, 찬미 ― 기다림, 고통, 소망 등···
하루도 우리는 그런 영역에서 움직이지 않는 날이 없다.
나는 여기서 그런 내용들을 언어로 구사하고,
좀더 파악하기 쉽게 만들고,
좀더 의식적으로 다루려고 시도하였다.

우리는 도대체 무엇을 추구하는가?
좀더 채워진 삶을 살기 위해서는 무엇을 모험하는 것이 옳은가?
우리 주위의 세계를 다시 찬미하는 것을 우리는 어떻게 배울 수 있는가?
우리는 무엇을 꿈꾸는가?
이 꿈들을 실현시키는 데 성공했는가?
아니면 그것들 때문에 단지 괴로워만 하는가?

이 책에서 나는 우리가 자주 우리 안에서
불명료하게 느끼는 것을 명료하게 볼 수 있게끔 하려고 한다.
나는 독자들이 이 많은 사고들을 통해 자신을 재인식하고,
그래서 자기 자신과 타인을 더 잘 이해하는 법을 배우기를 기대한다.

나의 사진들은 자신의 삶과 사고에 이르는 이 길들을
더 쉽게 발견하는 데 도움을 줄 것이다.
그림은 가끔 말보다 더 직접적으로 이야기한다.

이 책의 구조는 후반부의 글이 두 사람 사이의 관계들에 집중되어 있는 반면,
전반부에는 보편적인 내용의 글이 담겨 있다.

나는 독자들이 이 글—단 하나의 글이든
한 권 또는 시리즈 전체이든간에—을 읽는 가운데
자기 자신에게 좀더 가까이 가며,
좀더 적극적으로 자기 삶의 형성에 참여하는 용기를 얻게 되기를 바란다.

울리히 샤퍼

울리히 샤퍼는 1942년 폼머(북독일)에서 태어났으며,
1953년부터는 캐나다에 거주하고 있다.
학위를 마친 뒤 1970년부터 1981년까지 뱅쿠버 시의
한 대학에서 유럽 문학을 가르쳤다.
1981년부터는 자유문필가 겸 사진작가 생활을 하고 있으며,
사랑스런 두 딸을 두었다.
그가 쓴 책은 30권인데 그 가운데 10권이 그림책이다.
그의 저서들은 모두 거의 백만부씩 팔려나갈 정도로
독자의 사랑을 받는다.
울리히 샤퍼는 독자들과의 직접적인 만남을 위해
일 년에 두 차례 유럽에서 강연회를 갖는다.
그는 자신의 체험을 바탕으로 글을 쓰며
그럼으로써 다른 이의 체험 속으로 침투해 들어간다. "거기에 어떤 의미가 있는가?",
"어떻게 내가 활기차게 살 수 있을까?", "다른 사람들과 어떻게 가까워질 수 있는가?"와 같은
사람들의 마음을 뒤흔드는 문제들을 섬세한 터치로 다룬다.
이 책은 그런 문제와의 씨름의 한 표현이다.


동일한 장정으로 다음과 같은 것이 있다 :

나는 추구한다 …       삶의 심장으로의 돌입

나는 모험한다 …       삶을 얻기 위한 기획

나는 교통한다 …       그리고 더 깊은 의미를 발견한다

나는 사랑한다 …       그리고 세계는 펼쳐진다

나는 소망한다 …       그리고 잠겨진 문들이 열린다

● 옮긴이에 대하여 ●

보이지 않는 것의 힘을 찾아 아직도 헤매고 있다.
예술 속에서, 철학 속에서, 그리고 아주 모호한
삶의 흐름 속에서.

"막스 셸러의 사랑 개념"으로 뮌헨에서 박사 학위를 받았으며,
≪예술과 느낌: 칸딘스키 예술론≫ (서광사, 1994 ),
≪파울 클레의 삶과 예술≫ (책세상, 1995)를 번역하였다.

# 나는 놀라워한다

글, 사진 · 울리히 샤퍼
옮긴이 · 조정옥

펴낸곳 · 서광사
펴낸이 · 김신혁
출판등록일 · 1977. 6. 30
출판등록번호 · 제 5-34 호
(130-072) 서울시 동대문구 용두 2 동 119-46
대표전화 · 924-6161  팩시밀리 · 922-4993

이 책은 Ulrich Schaffer 의 *Ich staune … : Das Wunder des Lebens
entdecken*(München: Fotokunst – Verlag Groh, 1987)을 번역한 것이다.

ⓒ 서광사, 1994

옮긴이와의 합의하에 인지는 생략합니다.

제 1 판 제 1 쇄 펴낸날 · 1995년 11월 10일
1 2 3 4 5 6 7 8 9 10  99 98 97 96 95

ISBN  89-306-5802-4  07850